Las asombrosas orejas de los animales

Grace Hansen

Abdo Kids Jumbo es una subdivisión de Abdo Kids
abdobooks.com

abdobooks.com

Published by Abdo Kids, a division of ABDO, P.O. Box 398166, Minneapolis, Minnesota 55439.
Copyright © 2026 by Abdo Consulting Group, Inc. International copyrights reserved in all countries. No part of this book may be reproduced in any form without written permission from the publisher.
Abdo Kids Jumbo™ is a trademark and logo of Abdo Kids.

Printed in China

102025

012026

Spanish Translator: Maria Puchol

Photo Credits: Getty Images, Shutterstock

Production Contributors: Teddy Borth, Jennie Forsberg, Grace Hansen
Design Contributors: Candice Keimig, Pakou Moua

Library of Congress Control Number: 2025941964

Publisher's Cataloging-in-Publication Data

Names: Hansen, Grace, author.

Title: Las asombrosas orejas de los animales/ by Grace Hansen

Other title: Different ears of animals. Spanish

Description: Minneapolis, Minnesota: Abdo Kids, 2026. | Series: Asombrosas características de los animales | Includes online resources and index.

Identifiers: ISBN 9798384908760 (lib.bdg.) | ISBN 9798384909347 (ebook)

Subjects: LCSH: Animals--Juvenile literature. | Body composition--Juvenile literature. | Ear--Juvenile literature. | Zoology--Juvenile literature. | Spanish Language Materials--Juvenile literature.

Classification: DDC 591.1--dc23

Contenido

Las diferentes formas de orejas de los animales

En el reino animal hay muchos tipos de orejas diferentes. ¡Su forma y posición les ayudan a sobrevivir!

Orejas orientadas hacia delante

Los animales **depredadores** tienden a tener orejas orientadas hacia delante. Estas orejas les ayudan a centrarse en sus **presas**.

Los **depredadores** suelen **acosar** a sus **presas**. Si se lanzan a cazarlas, las orejas les ayudan a seguir a la presa mientras se mueven rápidamente.

Orejas móviles

A menudo, los animales que son **presa** tienen orejas con movilidad. El cuerpo y la cabeza de un venado pueden permanecer inmóviles mientras sus orejas se mueven en distintas direcciones. Así puede detectar el peligro sin llamar la atención.

Orejas ahuecadas

Los animales **nocturnos** tienen que buscar comida y evitar peligros en la oscuridad. Sus orejas a menudo están ahuecadas, lo que les ayuda a percibir mejor el sonido.

Los murciélagos son **nocturnos**. Tienen las orejas mucho más grandes que la cabeza y les sirven para la **ecolocalización**. Emiten un chillido y escuchan su eco.

Orejas invisibles

Los animales que vuelan o nadan tienen orejas invisibles. Sus oídos no captan el **ruido de arrastre** cuando vuelan o nadan.

Orejas grandes

Los animales que viven en lugares muy cálidos suelen tener las orejas grandes. Liberan calor del cuerpo por los vasos sanguíneos que recorren las orejas, así se mantienen más frescos.

Orejas pequeñas

A menudo, los animales que viven en lugares muy fríos tienen las orejas más pequeñas y cubiertas de pelo. Esto les ayuda a mantener su calor corporal.

¡Más orejas!

ardilla
móviles y con copete en el invierno

caracal
orientadas hacia delante

cerdo
móviles

jirafa
móviles

koala
ahuecadas

ratón
ahuecadas

Glosario

acosar - perseguir sin dar descanso.

depredador - animal que caza otros animales para comérselos. Son predatorios los animales que hacen presa a otros de distinta especie.

ecolocalización - proceso por el que animales como los murciélagos ubican objetos emitiendo sonidos y oyendo su eco.

nocturno - activo por la noche.

presa - animal que es cazado para ser comido por otro animal.

ruido de arrastre - sonido creado por la resistencia al moverse a través de aire o un fluido.

Índice

¡Visita nuestra página **abdokids.com** para tener acceso a juegos, manualidades, videos y mucho más!

Los recursos de internet están en inglés.

Usa este código Abdo Kids

ADK6257

¡o escanea este código QR!